de School - 學校 | 2
de Törn - 旅行 | 5
de Transport - 交通運送 | 8
de Stadt - 城市 | 10
de Landschop - 地形 | 14
dat Spieslokal - 餐館 | 17
de Supermarkt - 超市 | 20
de Drünk - 飲料 | 22
dat Eten - 食物 | 23
de Buernhoff - 農場 | 27
dat Huus - 房子 | 31
de Wahnstuuv - 客廳 | 33
de Köök - 廚房 | 35
de Baadstuuv - 浴室 | 38
de Kinnerstuuv - 兒童房 | 42
dat Tüüch - 衣服 | 44
dat Büro - 辦公室 | 49
de Weertschop - 經濟 | 51
de Profeschonen - 職業 | 53
dat Warktüüch - 工具 | 56
de Musikinstrumenten - 樂器 | 57
de Deertenpark - 動物園 | 59
de Sport - 體育 | 62
de Aktivitäten - 活動 | 63
de Familje - 家 | 67
de Lief - 身體 | 68
dat Krankenhuus - 醫院 | 72
de Nootfall - 緊急情形 | 76
de Eerd - 地球 | 77
de Klock - 鐘錶 | 79
de Week - 週 | 80
dat Johr - 年 | 81
de Formen - 形狀 | 83
de Farven - 顏色 | 84
de Gegendelen - 反義詞 | 85
de Tallen - 數字 | 88
de Spraken - 語言 | 90
wokeen / wat / wo - 誰/什麼/如何 | 91
wo - 方位 | 92

Impressum
Verlag: BABADADA GmbH, Nedderfeld 112 , 22529 Hamburg
Geschäftsführer / Verlagsleitung: Harald Hof
Druck: Books on Demand GmbH, In de Tarpen 42, 22848 Norderstedt

Imprint
Publisher: BABADADA GmbH, Nedderfeld 112 , 22529 Hamburg, Germany
Managing Director / Publishing direction: Harald Hof
Print: Books on Demand GmbH, In de Tarpen 42, 22848 Norderstedt

de School
學校

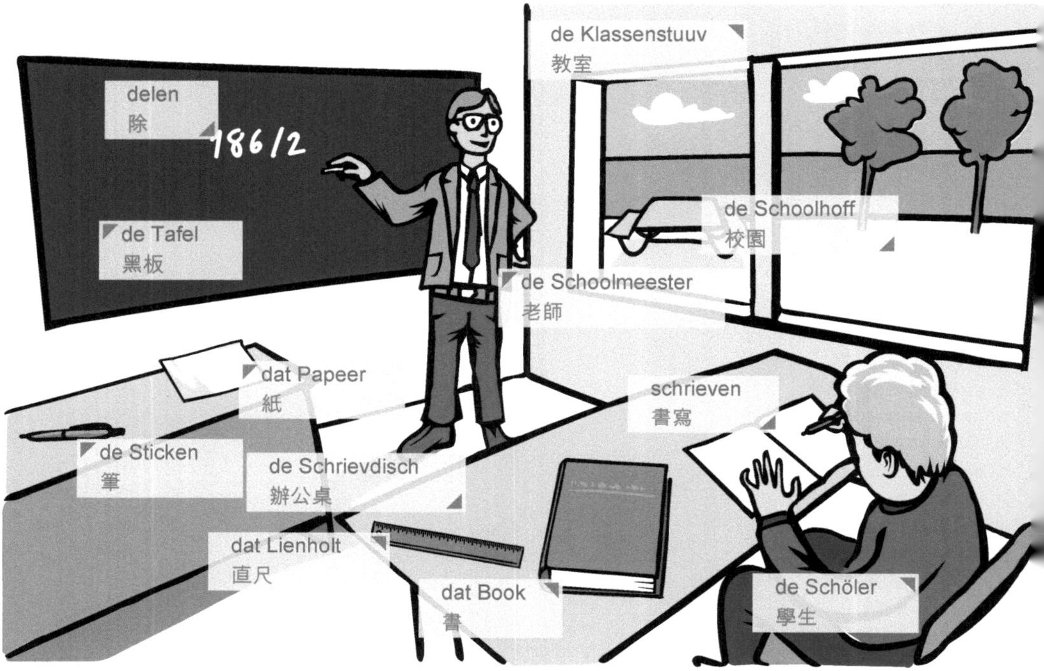
de Klassenstuuv
教室
delen
除
186/2
de Tafel
黑板
de Schoolhoff
校園
de Schoolmeester
老師
dat Papeer
紙
schrieven
書寫
de Sticken
筆
de Schrievdisch
辦公桌
dat Lienholt
直尺
dat Book
書
de Schöler
學生

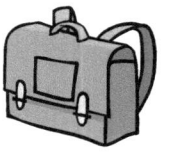

de Ranzel
書包

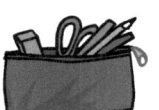

de Feddermapp
鉛筆盒

de Bleesticken
鉛筆

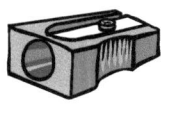

de Scharpmaker
削鉛筆機

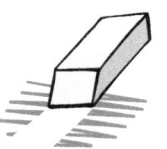

dat Radeergummi
橡皮擦

de Tekenblock
畫板

de Teken

圖畫

de Pinsel

畫筆

de Malkassen

顏料盒

de Scheer

剪刀

de Klever

膠水

dat Heft to'n Öven

練習冊

de Huusopgaav

家庭作業

de Tall

數字

tohooptellen

加

aftrecken

減

malnehmen

乘

reken

計算

de Bookstaav

字母

dat ABC

字母表

dat Woort

字

de Text

課文

lesen

讀

de Kried

粉筆

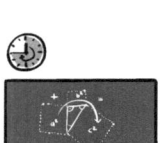

de Stunn

上課

dat Klassenbook

登記

de Pröven

考試

dat Tüügnis

證書

de Schooluniform

校服

de Utbillen

教育

dat Nakieksel

百科全書

de Universität

大學

dat Mikroskop

顯微鏡

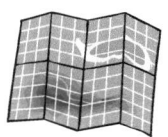

de Koort

地圖

de Papeerkorf

廢紙簍

de Törn
旅行

dat Hotel
飯店
Grand
de Harbarg
青年旅社
ROOMS
EXCHANGE
de Wesselstuuv
外幣兌換處
de Kuffer
手提箱
dat Auto
汽車

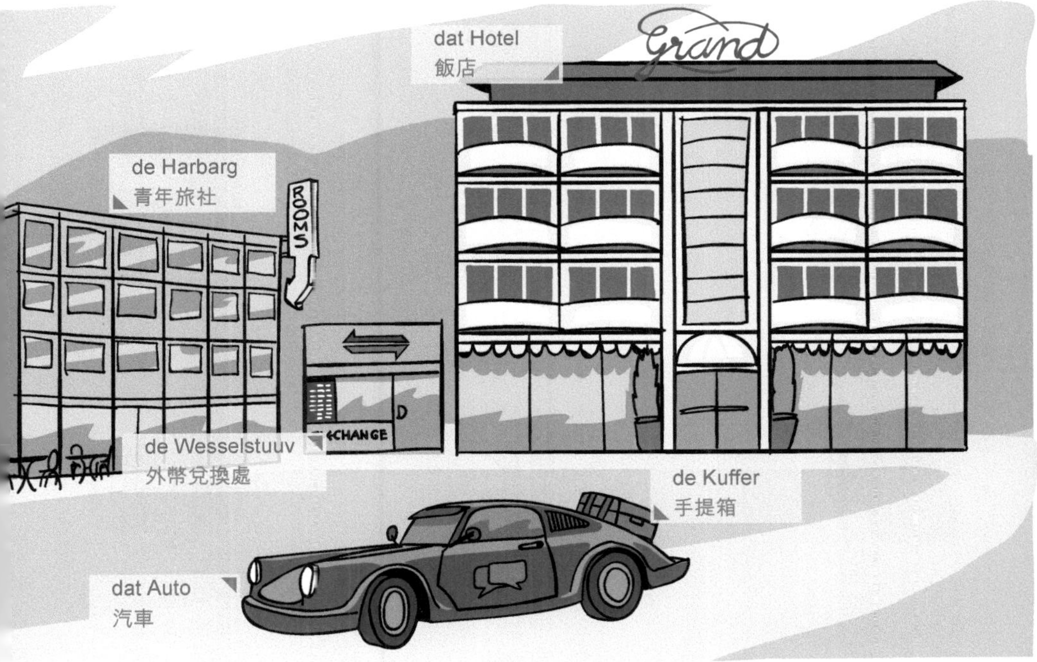

de Spraak
語言

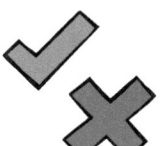

jo / ne
是/否

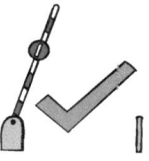

Jo
好的

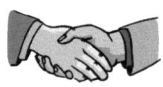

Moin
您好

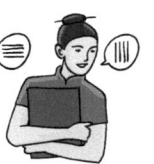

de Översetter
翻譯人員

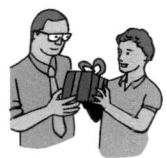

Dank ok
謝謝

Wat kost…?

……多少錢？

Ik verstah nich

我不明白

dat Problem

問題

Goden Avend

晚上好！

Moin!

早上好！

Gode Nacht!

晚安！

Tschüüs

再見

de Richt

方向

de Bagaasch

行李

de Tasch

包

de Rüchsack

背包

de Gast

客人

de Stuuv

房間

de Slaapsack

睡袋

dat Telt

帳篷

Touristeninformatschoon

旅行資訊

de Strand

海灘

de Kreditkocrt

信用卡

dat Fröhstück

早餐

dat Meddageten

午餐

dat Avendeten

晚餐

de Fohrkort

票

de Fohrstohl

電梯

de Breefma‘k

郵票

de Grenz

邊界

de Toll

海關

de Bottschop

大使館

dat Visum

簽證

de Pass

護照

de Transport
交通運送

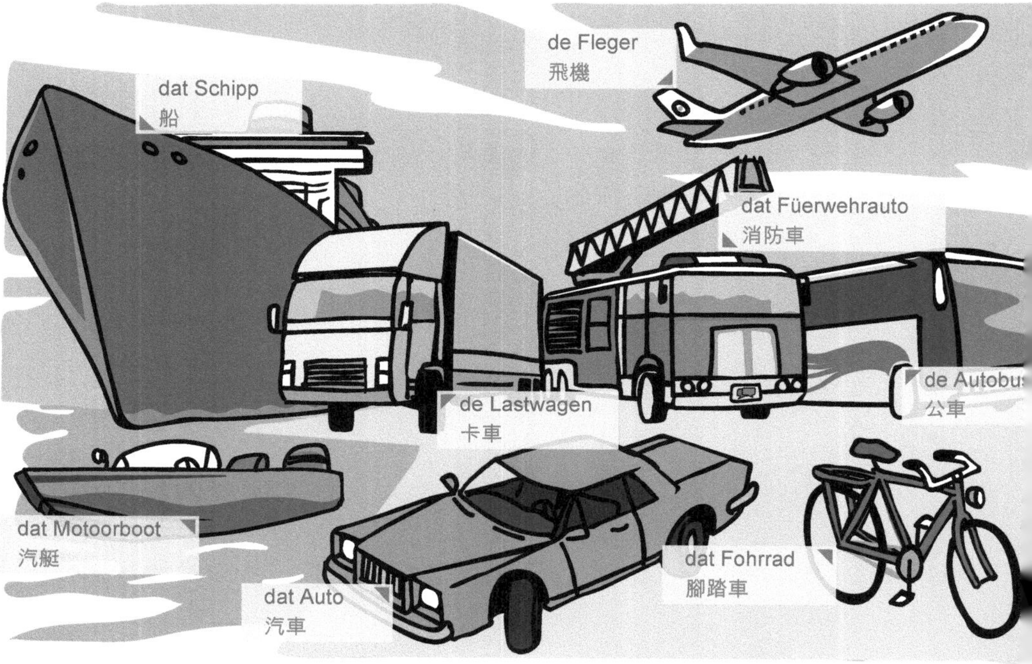
de Fleger
飛機
dat Schipp
船
dat Füerwehrauto
消防車
de Autobus
公車
de Lastwagen
卡車
dat Motoorboot
汽艇
dat Fohrrad
腳踏車
dat Auto
汽車

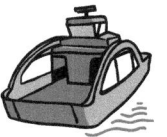

de Fähr

渡輪

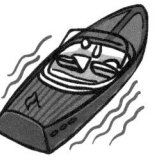

dat Boot

小船

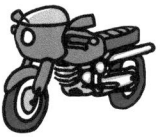

dat Motoorrad

機車

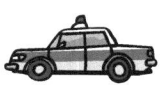

dat Polizeiauto

警車

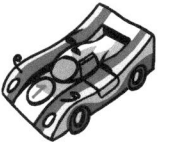

dat Rönnauto

賽車

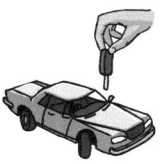

de Lehnwagen

租車

dat Carsharing

拼車

de Afsleepwagen

拖車

dat Müllauto

垃圾車

de Motoor

馬達

de Kraftstoff

汽油

de Tanksteed

加油站

dat Verkehrsschild

交通標識

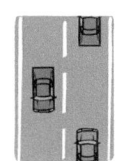

de Verkehr

交通

de Stau

交通堵塞

de Afstellplatz

停車場

de Bahnhoff

火車站

de Sporen

軌道

de Tog

火車

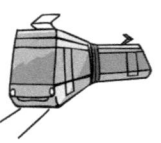

de Stratenbahn

路面電車

de Wagon

客車廂

de Dwarsmöhl

直升機

de Flooghaven

機場

de Tower

塔

de Fohrgast

乘客

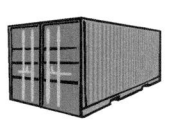

de Grootkist

集裝箱

de Karton

紙板箱

de Koor

手推車

de Korf

籃子

starten / lannen

起飛/降落

de Stadt
城市

dat Dörp

村莊

de Binnenstadt

市中心

dat Huus

房子

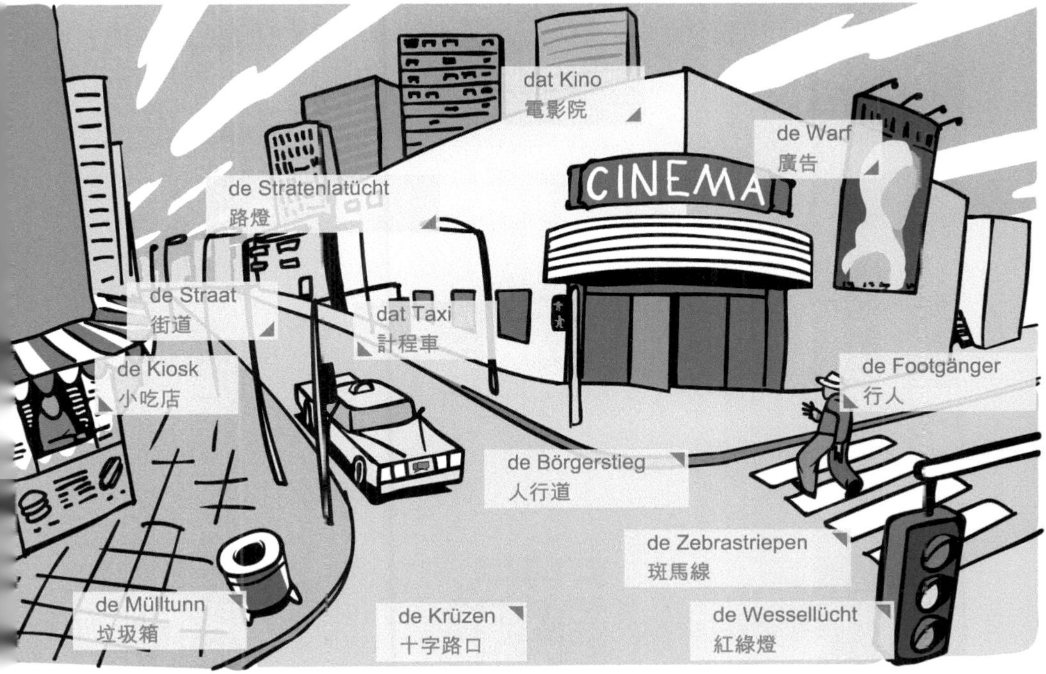

dat Kino
電影院
de Warf
廣告
CINEMA
de Stratenlatücht
路燈
de Straat
街道
dat Taxi
計程車
de Kiosk
小吃店
de Footgänger
行人
de Börgerstieg
人行道
de Zebrastriepen
斑馬線
de Mülltunn
垃圾箱
de Krüzen
十字路口
de Wessellücht
紅綠燈

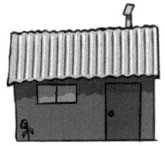

de Hütt

小屋

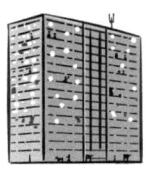

de Wahnung

公寓

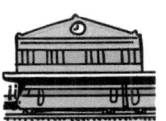

de Bahnhoff

火車站

dat Raathuus

市政廳

MUSEUM

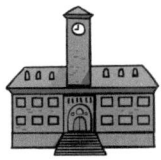

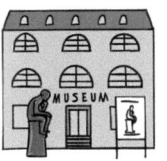

dat Museum

博物館

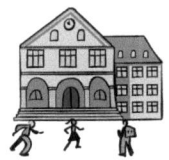

de School

學校

de Universität

大學

de Bank

銀行

dat Krankenhuus

醫院

dat Hotel

飯店

de Afteek

藥房

dat Büro

辦公室

de Bookhökerie

書店

de Hökerie

商店

de Blomenhökerie

花店

de Supermarkt

超市

de Markt

市場

dat Koophuus

百貨商店

de Fischhökerie

魚店

dat Inkoopszentrum

購物中心

de Haven

海港

de Parkanlaag

公園

de Bank

長凳

de Brüch

橋

de Trepp

樓梯

de Ünnergrundbahn

捷運

de Tunnel

隧道

de Busstoppsteed

公車站

de Bar

酒吧

dat Spieslokal

餐館

de Breefkassen

郵筒

dat Stratenschild

路標

de Parkklock

停車計時器

de Deertenpark

動物園

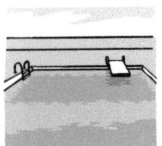

de Baadanstalt

游泳池

de Moschee

清真寺

de Buernhoff

農場

de Ümweltversmudden

污染

de Karkhoff

墓地

de Kark

教堂

de Speelplatz

操場

de Tempel

寺廟

de Landschop
地形

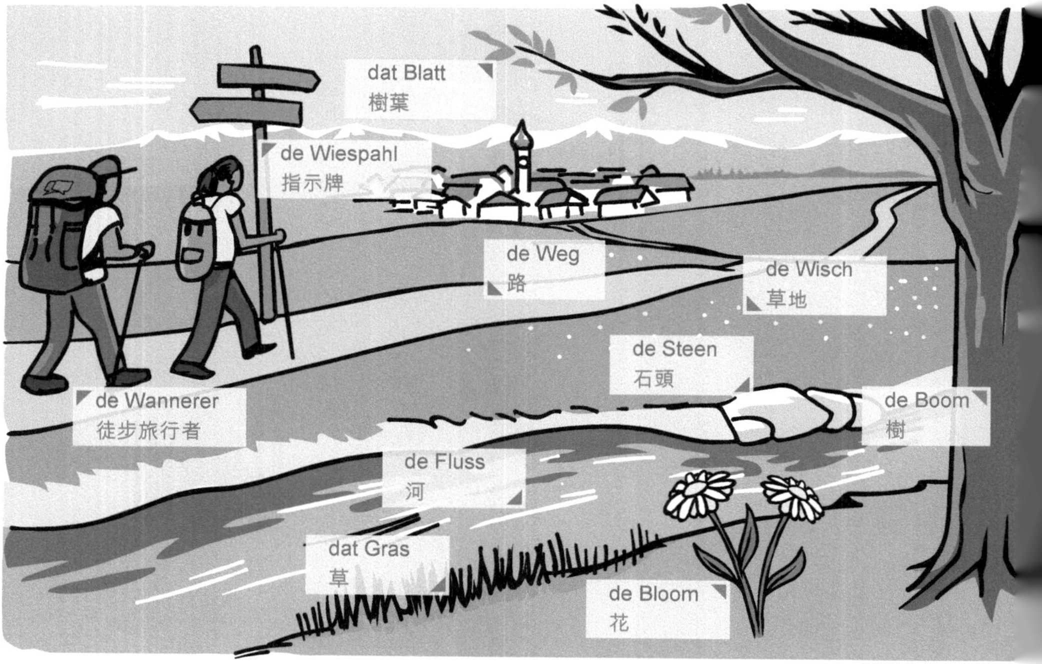

dat Blatt
樹葉

de Wiespahl
指示牌

de Weg
路

de Wisch
草地

de Steen
石頭

de Wannerer
徒步旅行者

de Boom
樹

de Fluss
河

dat Gras
草

de Bloom
花

dat Daal

峽谷

de Barg

丘陵

de See

湖

dat Holt

森林

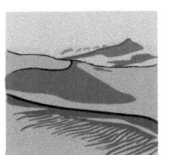

de Wööst

沙漠

de Füerspien Barg

火山

dat Slott

城堡

de Regenbagen

彩虹

de Poggenstɔhl

蘑菇

de Palm

棕櫚樹

de Steekmück

蚊子

de Fleeg

蒼蠅

de Miegeemk

螞蟻

de Imm

蜜蜂

de Spinn

蜘蛛

de Sebber

甲蟲

de Pogg

青蛙

de Katteker

松鼠

de Swienegel

刺蝟

de Haas

野兔

de Uul

貓頭鷹

de Vagel

鳥

de Swaan

天鵝

dat Wildswien

野豬

de Hirsch

鹿

de Elk

麋鹿

de Staudamm

水壩

dat Windrad

風力發電機

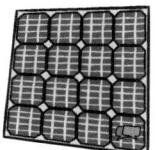

dat Solarmodul

太陽能電池板

dat Klima

氣候

dat Spieslokal
餐館

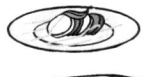

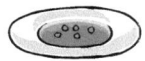

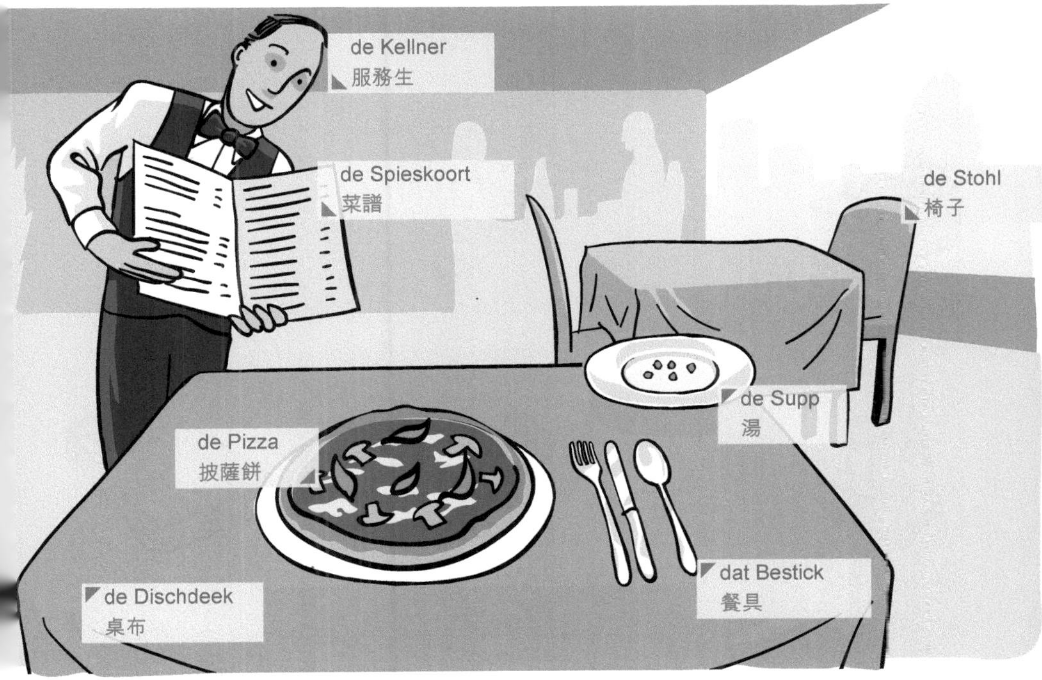
de Kellner
服務生
de Spieskoort
菜譜
de Stohl
椅子
de Supp
湯
de Pizza
披薩餅
dat Bestick
餐具
de Dischdeek
桌布

de Vörspies

前菜

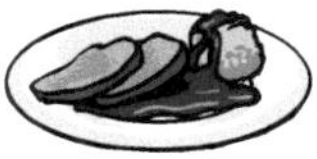

dat Haupteten

主菜

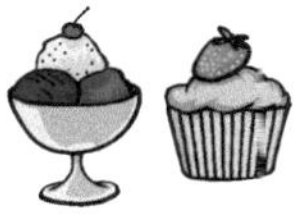

de Nadisch

甜點

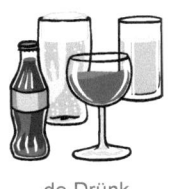

de Drünk

飲料

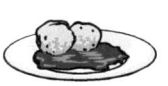

dat Eten

食物

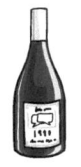

de Buddel

瓶子

dat Fastfood

速食

dat Strateneten

街邊小吃

de Teekann

茶壺

de Zuckerdoos

糖盒

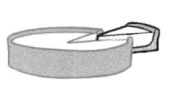

de Portschoon

一份飯菜

de Espressomaschien

義式咖啡機

de Hoochstohl

高腳椅

de Reken

帳單

dat Tablett

托盤

dat Mess

刀

de Gavel

餐叉

de Lepel

勺子

de Teelepel

茶匙

dat Munddook

餐巾

dat Glas

玻璃杯

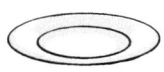

de Töller

碟子

de Suppentöller

湯盤

de Ünnertass

碟子

de Sooß

醬

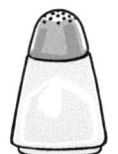

de Soltstreuer

鹽瓶

de Pepermöhl

胡椒研磨罐

de Etig

醋

dat Ööl

食用油

de Krüder

調味料

de Ketchup

番茄醬

de Mostrich

芥末

de Mayonnaise

美乃滋

de Supermarkt
超市

dat Anbott
特價
FOR
de Kunn
顧客
de Melkprodukten
乳製品
dat Aaft
水果
de Inkoopswagen
購物車

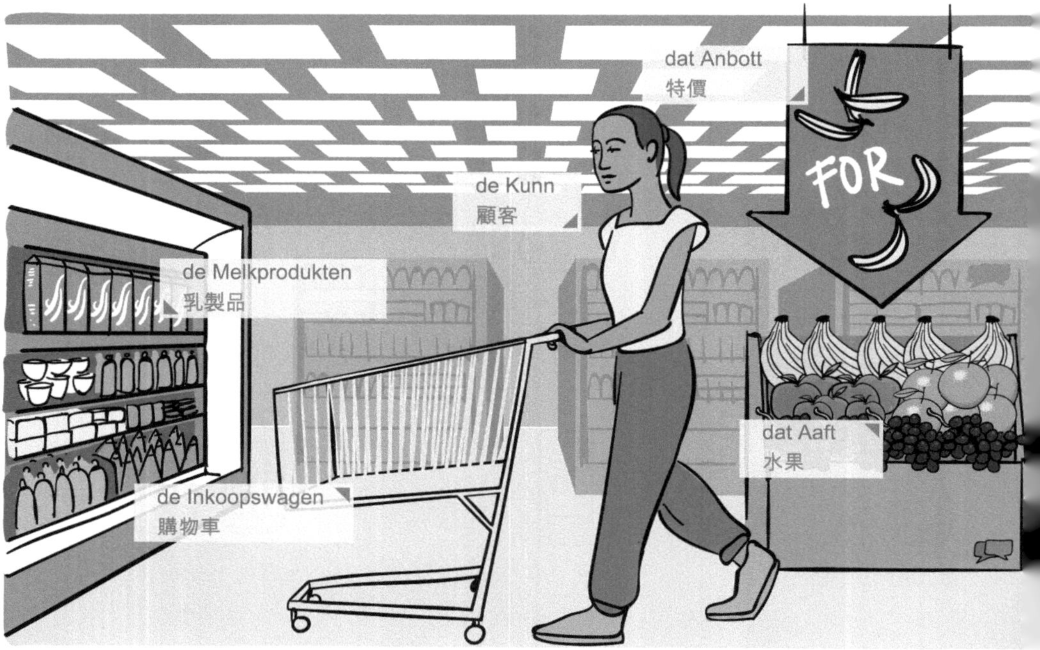

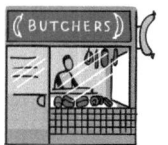

BUTCHERS

de Slachterie

肉鋪

BAKERY

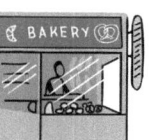

de Bäckerie

麵包店

wegen

稱重

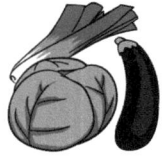

de Gröönsaken

蔬菜

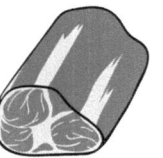

dat Fleesch

肉

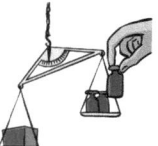

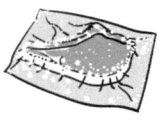

de Deepköhlkost

冷凍食品

de Opsnitt

冷盤

de Konserven

罐頭食品

de Waschmiddel

洗衣粉

de Snoopkraam

甜食

de Huushooltssaken

日用品

de Reinmaaktüüch

清潔用品

de Verköpersche

銷售員

de Kass

收銀機

de Kasserer

收銀員

de Inkoopslist

購物清單

de Opsparrtieden

開放時間

de Breeftasch

錢包

de Kreditkoort

信用卡

de Tasch

袋子

de Plastiktüüt

塑膠袋

dat Water

水

de Saft

果汁

de Melk

牛奶

de Cola

可樂

de Wien

紅酒

dat Beer

啤酒

de Spriet

酒

de Kakao

可可

de Tee

茶

de Koffie

咖啡

de Espresso

義式濃縮咖啡

de Cappucino

卡布奇諾

de Banaan

香蕉

de Appel

蘋果

de Appelsien

柳丁

de Meloon

西瓜

de Zitroon

檸檬

de Wötte

胡蘿蔔

de Knuuvlook

大蒜

de Bambus

竹子

de Zibbel

洋蔥

de Poggenstohl

蘑菇

de Nööt

堅果

de Nudeln

麵條

de Spaghetti

義大利麵

de Ries

米飯

de Salat

沙拉

de Pommes frites

薯條

de Braadkantüffeln

炸馬鈴薯

de Pizza

披薩餅

de Hamborger

漢堡

dat Sandwich

三明治

dat Snitzel

炸豬排

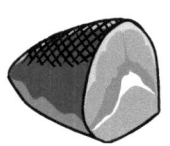

de Schinken

火腿

de Salami

義大利臘腸

de Wust

香腸

dat Hohn

雞肉

de Braden

烤肉

de Fisch

魚

de Haverflocken

燕麥片

dat Müsli

木斯里

de Cornflakes

玉米片

dat Mehl

麵粉

de Croissant

牛角麵包

dat Rundstück

麵包捲

dat Broot

麵包

dat Toast

吐司

de Keksen

餅乾

de Botter

奶油

de Quark

凝乳

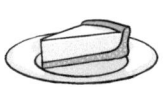

de Koken

蛋糕

dat Ei

蛋

dat Spegelei

煎蛋

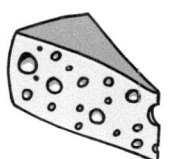

de Kees

起司

de Ies

冰淇淋

de Zucker

糖

de Honnig

蜂蜜

de Marmelaad

果醬

de Nougat-Creme

巧克力醬

dat Curry

咖哩

de Buernhoff

農場

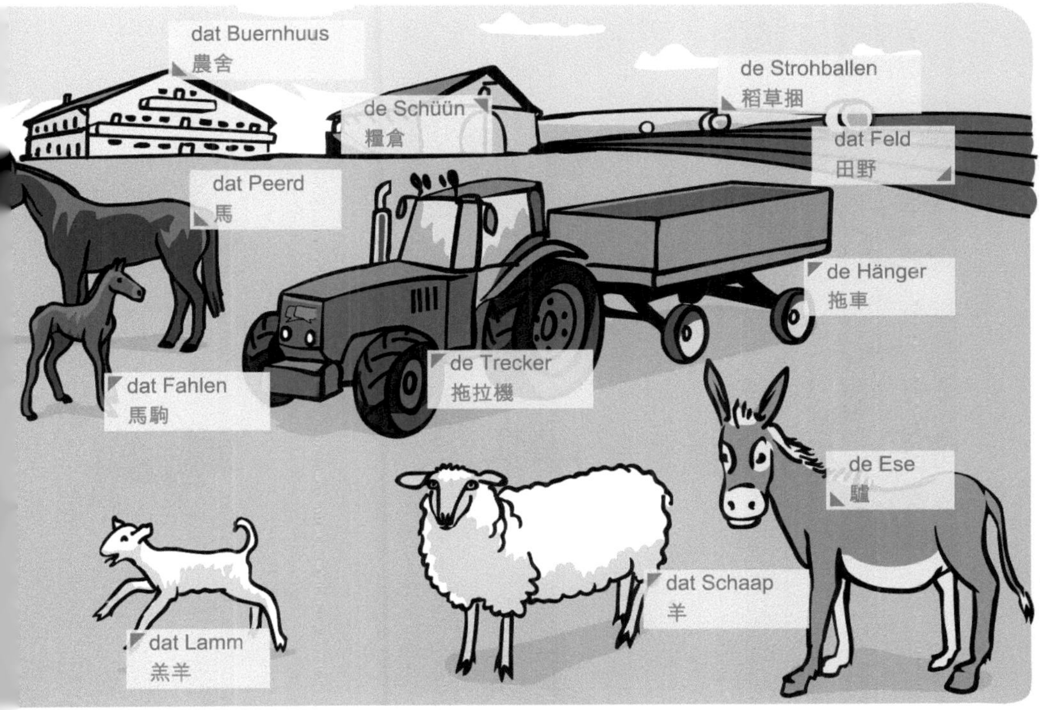
dat Buernhuus
農舍
de Schüün
糧倉
de Strohballen
稻草捆
dat Feld
田野
dat Peerd
馬
de Hänger
拖車
de Trecker
拖拉機
dat Fahlen
馬駒
de Ese
驢
dat Schaap
羊
dat Lamm
羔羊

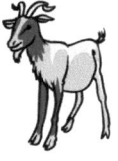

de Zeeg

山羊

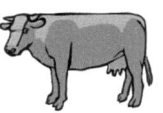

de Koh

奶牛

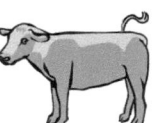

dat Kalf

小牛

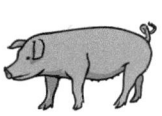

dat Swien

豬

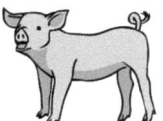

dat Farken

小豬

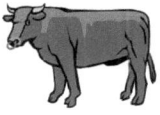

de Bull

公牛

de Goos

鵝

de Aant

鴨

dat Küken

小雞

dat Hohn

母雞

de Hahn

公雞

de Rott

鼠

de Katt

貓

de Muus

老鼠

de Oss

牛

de Hund

狗

de Hunnenhütt

狗屋

de Goornslauch

花園澆水軟管

de Geetkann

澆水壺

de Lee

長柄大鐮刀

de Ploog

犁

de Sich

鐮刀

de Hack

鋤頭

de Mestfork

長柄草耙

de Ext

斧頭

de Schuufkoor

獨輪手推車

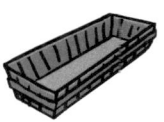

de Trog

飼料槽

de Melkkann

牛奶罐

de Sack

麻布袋

de Tuun

柵欄

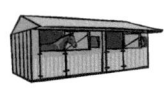

de Stall

馬廄

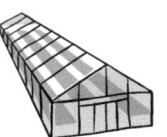

dat Drievhuus

溫室

de Bodden

土壤

de Saat

種子

de Dünger

肥料

de Meihdöscher

聯合收割機

oornen

收割

de Oorn

收割

de Yamswöttel

地瓜

de Weten

小麥

dat Soja

大豆

de Kantüffel

土豆

de Törksche Weten

玉米

de Rapp

油菜籽

de Aaftboom

果樹

de Troopsch Kantüffel

樹薯

dat Koorn

穀物

dat Huus

房子

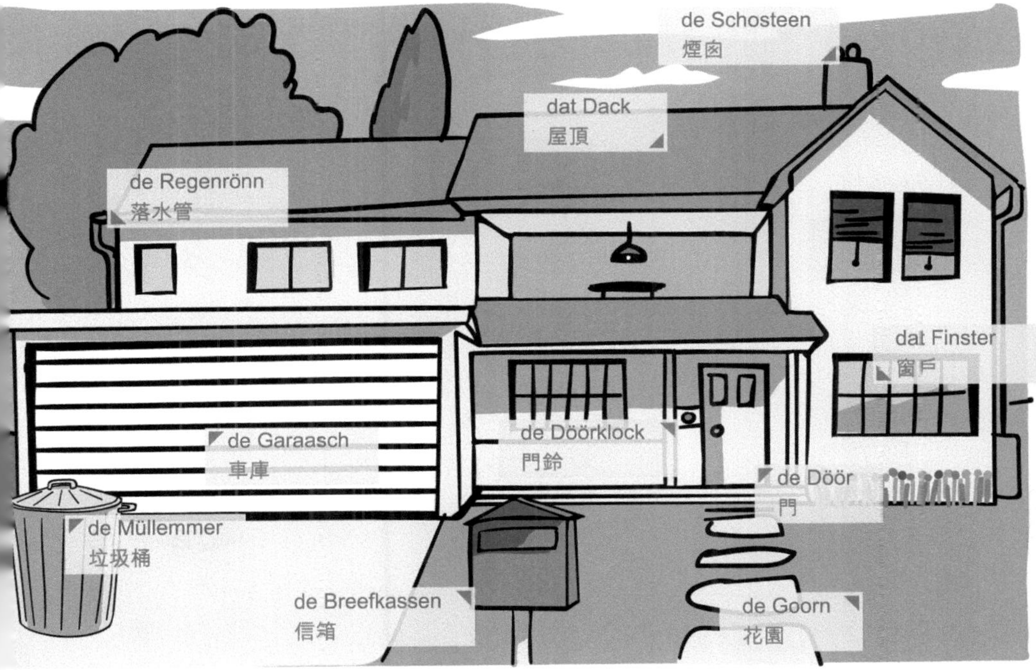
de Schosteen
煙囪
dat Dack
屋頂
de Regenrönn
落水管
dat Finster
窗戶
de Garaasch
車庫
de Döörklock
門鈴
de Döör
門
de Müllemmer
垃圾桶
de Breefkassen
信箱
de Goorn
花園

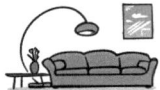

de Wahnstuuv

客廳

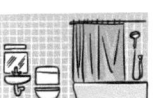

de Baadstuuv

浴室

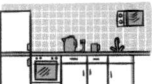

de Köök

廚房

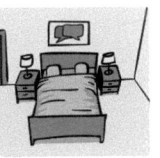

de Slaapstuuv

臥室

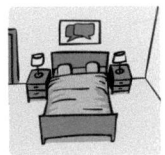

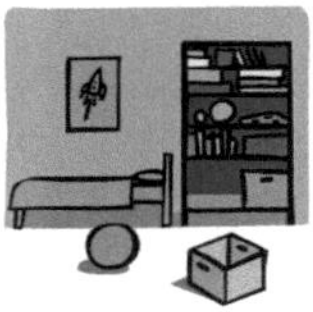

de Kinnerstuuv

兒童房

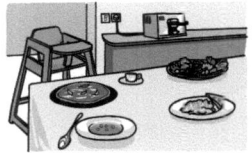

de Eetstuuv

餐廳

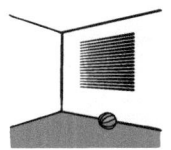

de Footbodden

地板

de Wand

牆壁

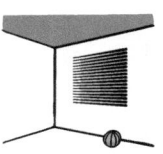

de Deek

天花板

de Keller

地窖

dat Hittluftbad

三溫暖

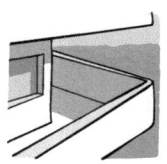

de Balkon

陽臺

de Terrass

露臺

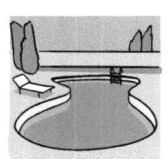

dat Swümmbad

游泳池

de Rasenmeiher

割草機

de Bettbetog

被單

de Bettdeek

床罩

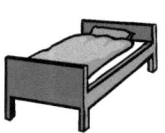

de Puuch

床

de Bessen

掃帚

de Emmer

水桶

de Schalter

開關

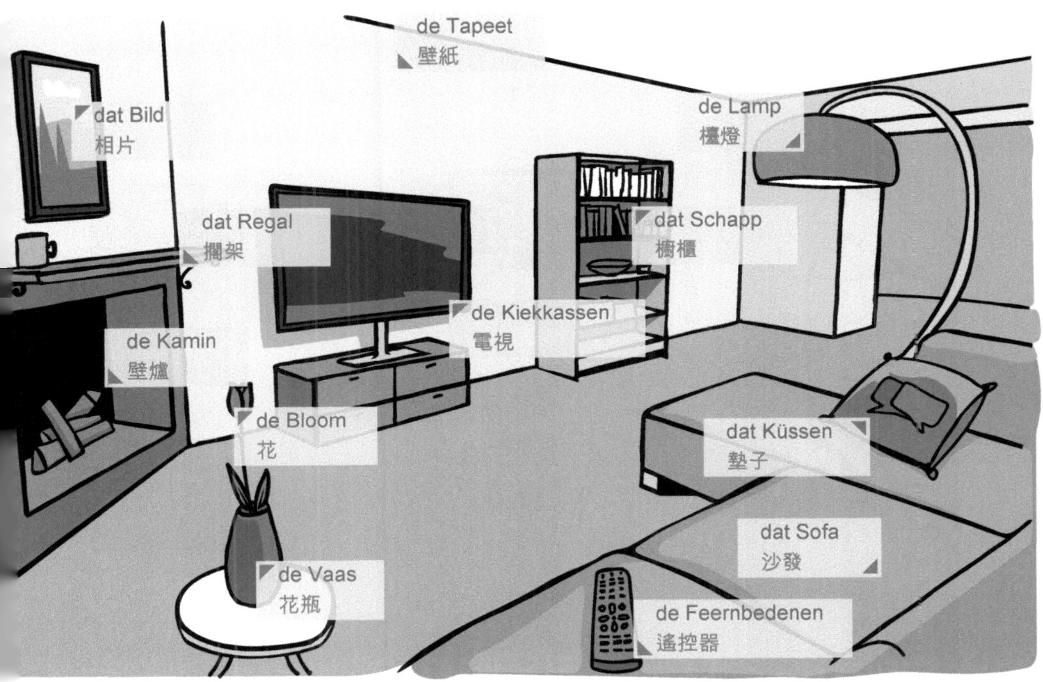

de Tapeet
壁紙

dat Bild
相片

de Lamp
檯燈

dat Regal
擱架

dat Schapp
櫥櫃

de Kiekkassen
電視

de Kamin
壁爐

de Bloom
花

dat Küssen
墊子

dat Sofa
沙發

de Vaas
花瓶

de Feernbedenen
遙控器

de Teppich

地毯

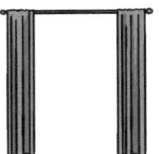

de Vörhang

窗簾

de Disch

餐桌

de Stohl

椅子

de Schuckelstohl

搖椅

de Sessel

扶手椅

dat Book

書

de Deek

毯子

de Dekoratschoon

裝飾品

dat Füerholt

木柴

de Film

電影

de Stereoanlaag

高傳真音響

de Slötel

鑰匙

dat Narichtenblatt

報紙

dat Gemälde

油畫

dat Poster

海報

dat Radio

收音機

de Opschrievblock

筆記本

de Huulbessen

吸塵器

de Kaktus

仙人掌

de Kars

蠟燭

de Köök
廚房

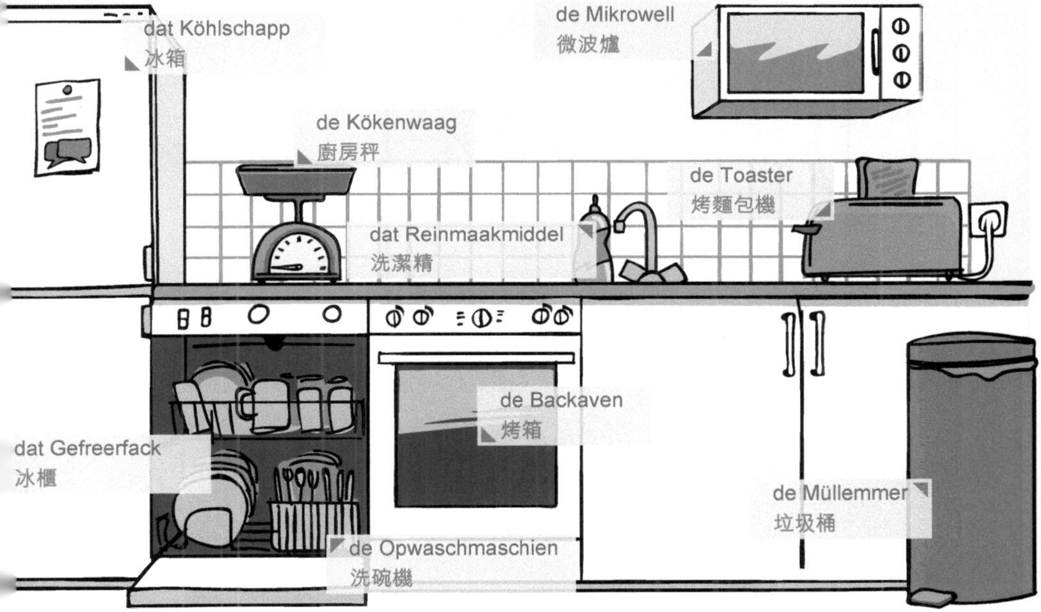
dat Köhlschapp
冰箱
de Mikrowell
微波爐
de Kökenwaag
廚房秤
de Toaster
烤麵包機
dat Reinmaakmiddel
洗潔精
de Backaven
烤箱
dat Gefreerfack
冰櫃
de Müllemmer
垃圾桶
de Opwaschmaschien
洗碗機

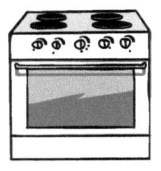

de Heerd
炊具

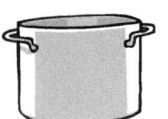

de Pott
鍋

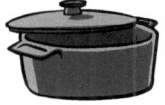

de Gussiesern Putt
鑄鐵鍋

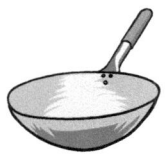

de Wok / Kadai
炒鍋

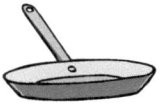

de Pann
平底鍋

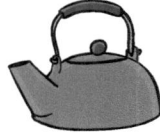

de Waterkaker
水壺

de Dampkaakputt

蒸鍋

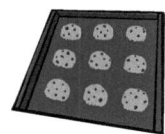

dat Backblick

烤盤

dat Geschirr

陶瓷鍋

de Beker

馬克杯

de Schaal

碗

de Eetsticken

筷子

de Suppenkell

長柄勺

de Pannenwenner

鏟子

de Sneebessen

攪拌器

dat Kaakseef

濾網

dat Seef

篩子

de Riev

磨碎機

de Mörser

研缽

de Grill

燒烤

de Füerstell

明火

dat Sniedbrett

菜板

dat Nudelholt

擀麵杖

de Proppentrecker

開瓶器

de Doos

罐子

de Dosenaapner

開罐器

de Pottlappen

隔熱手套

dat Waschbecken

水槽

de Böst

刷子

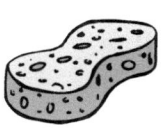

de Swamm

海綿

de Mixer

攪拌機

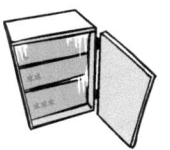

dat Iesschapp

冷藏箱

de Nuckelbuddel

奶瓶

de Waterhahn

水龍頭

de Baadstuuv

浴室

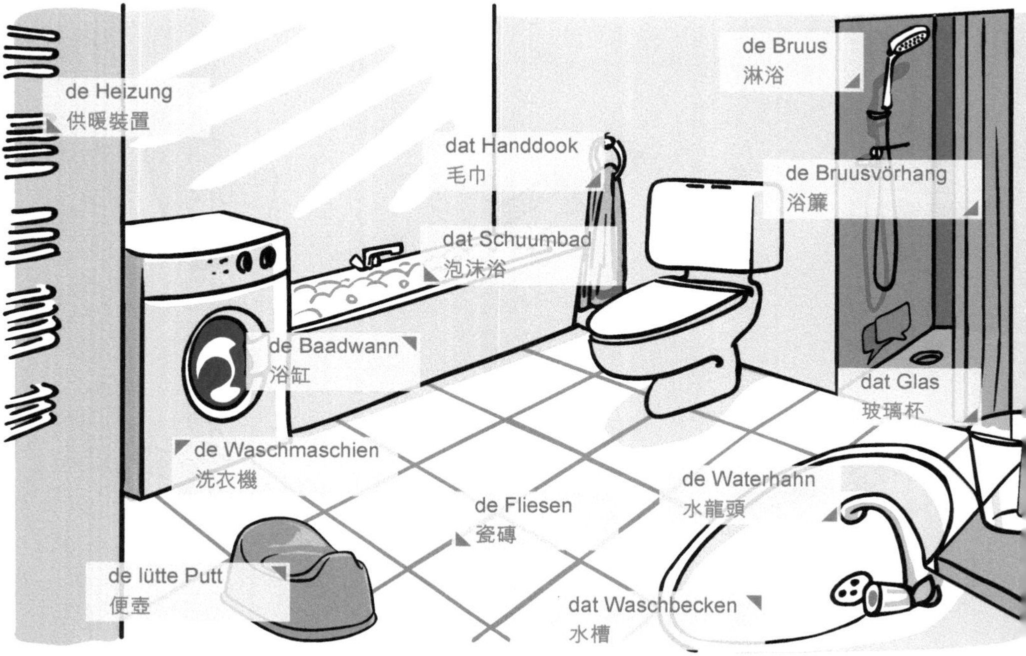

de Heizung
供暖裝置
dat Handdook
毛巾
de Bruus
淋浴
de Bruusvörhang
浴簾
dat Schuumbad
泡沫浴
de Baadwann
浴缸
dat Glas
玻璃杯
de Waschmaschien
洗衣機
de Waterhahn
水龍頭
de Fliesen
瓷磚
de lütte Putt
便壺
dat Waschbecken
水槽

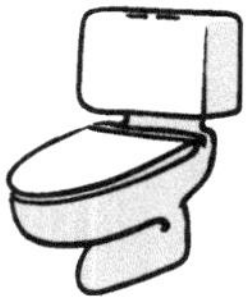

de Tante Meier

廁所

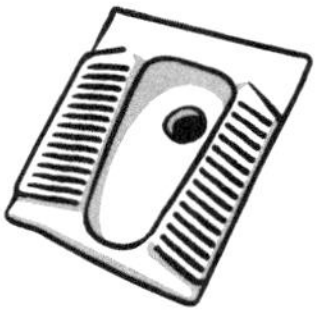

de Hockklo

蹲便器

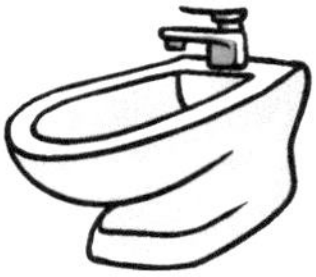

dat Bidet

坐浴器

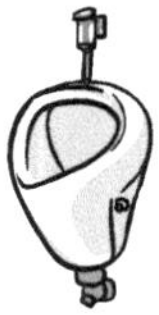

dat Miegbecken

小便斗

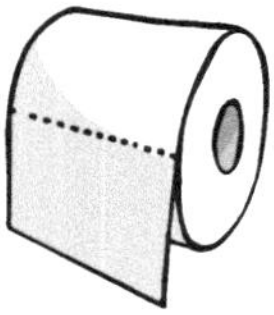

dat Klopapeer

廁紙

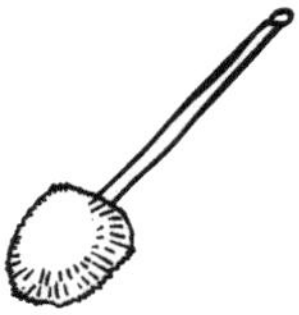

de Kloböst

馬桶刷

de Tähnböst

牙刷

de Tähnpast

牙膏

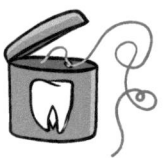

de Tähnsied

牙線

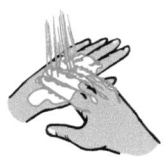

waschen

洗

de Handbruus

手持式蓮蓬頭

de Intimbruus

沖洗器

de Waschschöttel

洗臉盆

de Rüchböst

洗背刷

de Seep

肥皂

dat Bruusgeel

沐浴露

dat Hoorwaschmiddel

洗髮乳

de Waschlappen

法蘭絨

de Afloop

排水

de Creme

乳霜

dat Deodorant

除臭劑

de Spegel

鏡子

de Kosmetikspegel

手鏡

de Raserer

刮鬍刀

de Raseerschuum

刮鬍泡沫

dat Raseerwater

鬍後水

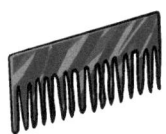

de Kamm

梳子

de Böst

刷子

de Hoordröger

吹風機

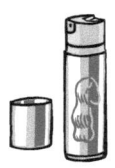

dat Hoorspray

噴髮定型劑

de Smink

化妝品

de Lippensticken

唇膏

de Nagellack

指甲油

de Watt

化妝棉

de Nagelscheer

指甲剪

dat Rüükwater

香水

de Kulturbüdel

洗漱包

de Schemel

凳子

de Waag

計重秤

de Baadmantel

浴袍

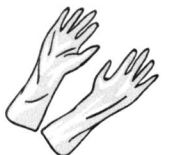

de Gummihanschen

橡膠手套

de Tampon

衛生棉條

de Damenbinn

衛生棉

dat Chemieklo

化學廁所

de Kinnerstuuv

兒童房

de Wecker
鬧鐘
dat Knudeldeert
毛絨玩具
dat Speeltüüchauto
玩具車
de Klöter
撥浪鼓
dat Poppenhuus
玩具屋
dat Geschenk
禮物

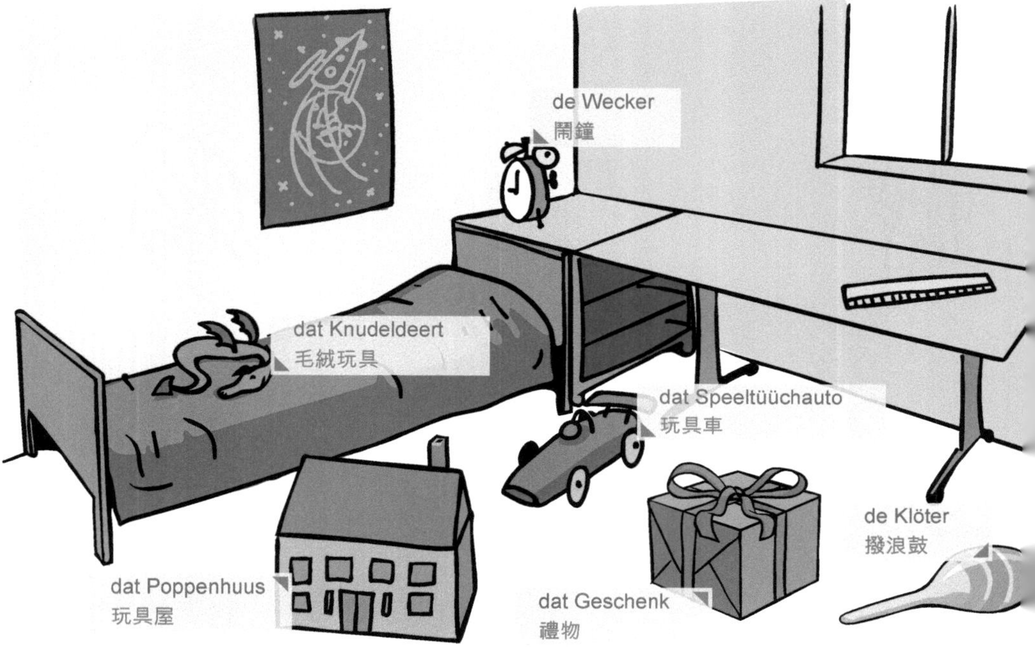

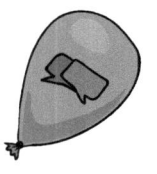

de Luftballon

氣球

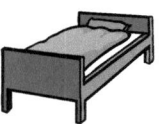

de Puuch

床

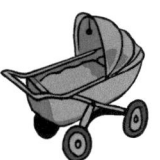

de Kinnerwagen

嬰兒車

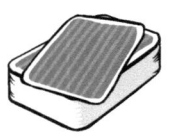

dat Koortenspeel

撲克牌

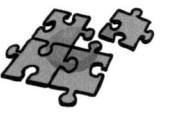

dat Puzzle

拼圖

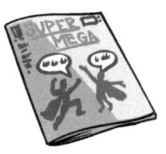

de Billergeschicht

漫畫

de Legostenen

樂高積木

de Bustenen

積木玩具

de Action-Figur

公仔

de Strampelantog

嬰兒服

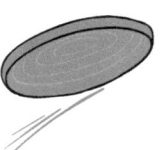

de Frisbeeschiev

飛盤

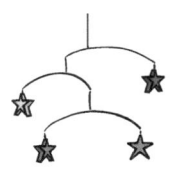

dat Mobile

床鈴玩具

dat Brettspeel

棋盤遊戲

de Wörpel

骰子

de Modelliesenbahn

火車模型

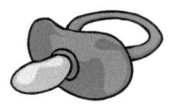

de Snuller

安撫奶嘴

de Party

派對

dat Billerbook

繪本

de Ball

球

de Popp

洋娃娃

spelen

玩

de Sandkassen

沙坑

de Schuckel

鞦韆

dat Speeltüüch

玩具

de Speelkonsool

電玩遊戲

dat Dreerad

三輪車

de Teddyboor

泰迪熊

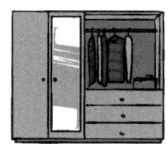

dat Klederschapp

衣櫃

dat Tüüch

衣服

de Socken

襪子

de Strümp

長襪

de Strumpbüx

緊身褲

dat Halsdook
圍巾

de Paraplü
雨伞

dat T-Shirt
T恤

de Liefreem
皮帶

de Stevel
靴子

de Puuschen
拖鞋

de Turnschoh
運動鞋

de Sandalen

涼鞋

de Schoh

鞋

de Gummistevel

雨靴

de Ünnerbüx

內褲

de Bostholler

胸罩

dat Ünnerhemd

背心

dat Tüüch - 衣服

45

de Lief

身體

de Büx

褲子

de Jeansnüx

牛仔褲

de Rock

短裙

de Bluus

女式襯衫

dat Hemd

襯衫

de Pullover

套頭衫

de Kapuzenpullover

連帽上衣

de Blazer

西裝夾克

de Jack

夾克

de Mantel

外套

de Övertrecker

雨衣

dat Kostüm

套裝

dat Kleed

連衣裙

dat Hochtietskleed

婚紗

de Antog

西裝

dat Nachtkleed

睡袍

de Slaapantog

睡衣

de Sari

莎麗

dat Koppdook

頭巾

de Turban

包頭巾

de Burka

波卡

de Kaftan

卡夫坦

de Abaya

(阿拉伯式)長袍

de Baadantog

泳衣

de Baadbüx

男式泳褲

de Korte Büx

短褲

de Antog to'n Öven

運動服

de Schört

圍裙

de Handschoh

手套

de Knopp

鈕扣

de Brill

眼鏡

dat Armband

手鏈

de Halskeed

項鍊

de Ring

戒指

de Ohrbummel

耳環

de Mütz

便帽

de Klederbögel

衣架

de Hoot

帽子

de Binner

領帶

de Rietslüter

拉鍊

de Helm

安全帽

dat Drachtband

背帶

de Schooluniform

校服

de Uniform

制服

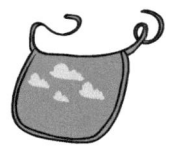

de Severböten

圍兜

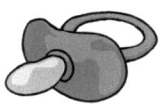

de Snuller

安撫奶嘴

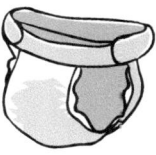

de Winnel

尿布

dat Büro

辦公室

de Server
伺服器
dat Aktenschapp
檔案櫃
de Drucker
印表機
Papeer
de Bildschirm
螢幕
de Muus
滑鼠
de Schrievdisch
辦公桌
de Orner
資料夾
dat Knoopboord
鍵盤
de Papeerkorf
廢紙簍
de Computer
電腦
de Stohl
椅子

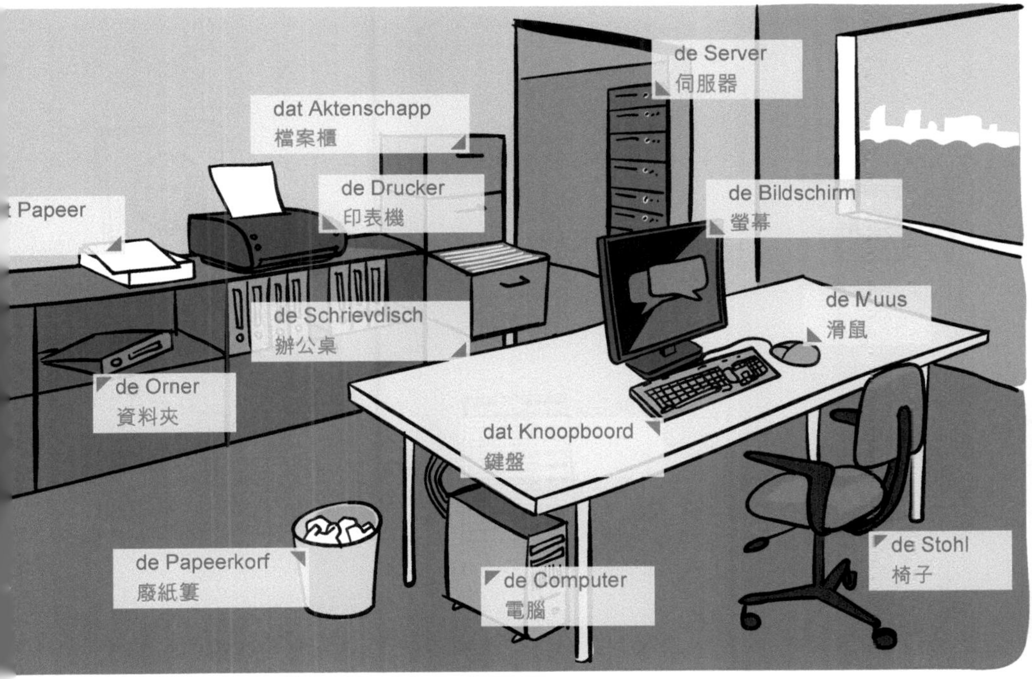

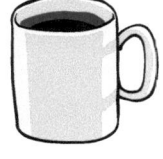

de Koffiebeker

咖啡杯

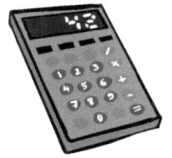

de Taschenreekner

計算機

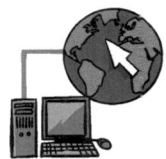

dat Internet

網際網路

de Klappreekner

筆記型電腦

de Breef

信件

de Naricht

簡訊

de Ackersnacker

行動電話

dat Nettwark

網路

de Kopeerapparat

影印機

de Software

軟體

de Klöönkassen

電話

de Steekdoos

插座

de Faxapparat

傳真機

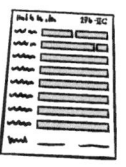

dat Formulor

表格

dat Dokument

檔案

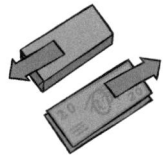

köpen

買

betahlen

付錢

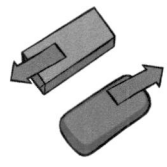

hanneln

交易

dat Geld

現金

de Dollar

美元

de Euro

歐元

de Yen

日元

de Ruvel

盧布

de Swiezer Franken

瑞士法郎

de Renminbi Yuan

人民幣

de Rupie

盧比

de Geldautomat

提款處

de Wesselstuuv

外幣兌換處

dat Gold

金

dat Sülver

銀

dat Ööl

石油

de Energie

能源

de Pries

價格

de Verdrag

合約

de Stüer

稅金

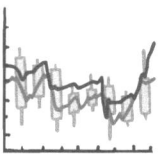

de Andeelschien

股票

arbeiden

工作

de Anstellte

職員

de Arbeitgever

老闆

de Fabrik

工廠

de Hökerie

商店

de Profeschonen

職業

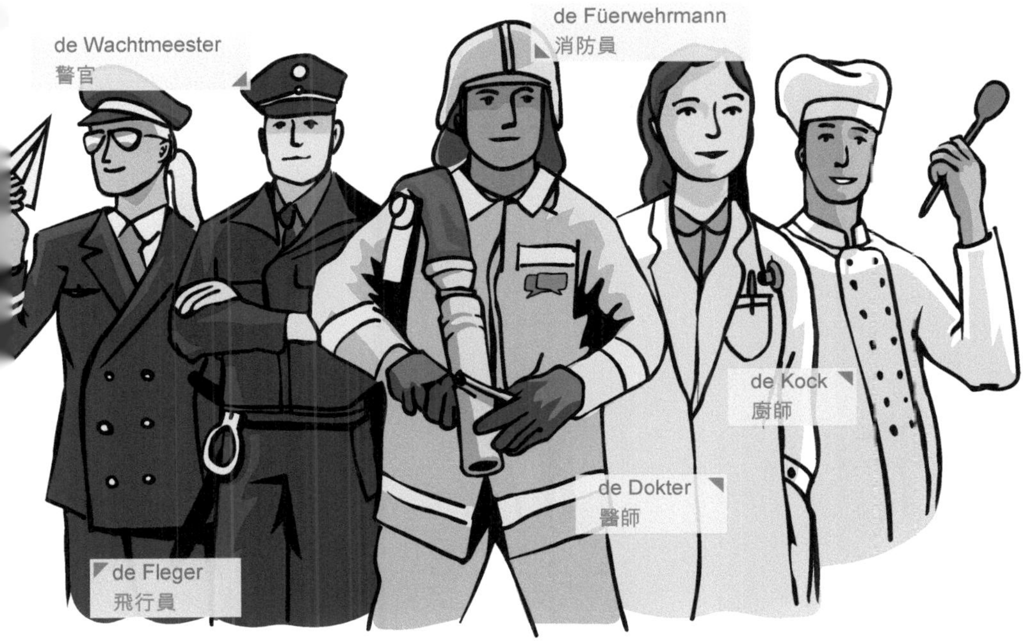
de Wachtmeester
警官
de Füerwehrmann
消防員
de Kock
廚師
de Dokter
醫師
de Fleger
飛行員

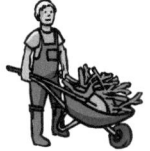

de Goorner

園丁

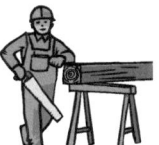

de Discher

木匠

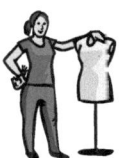

de Neiherscne

裁縫

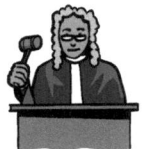

de Richter

法官

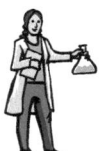

de Chemiker

化學家

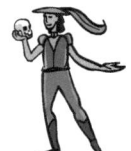

de Schauspeler

演員

de Busfohrer

公車司機

de Taxifohrer

計程車司機

de Fischer

漁夫

de Reinmaakfru

清洗女工

de Dackdecker

屋頂工

de Kellner

服務生

de Jäger

獵人

de Maler

畫家

de Bäcker

麵包師

de Elektriker

電工

de Buarbeider

建築工人

de Ingenieur

工程師

de Slachter

屠夫

de Klempner

水管工

de Postbüdel

郵差

de Suldat

士兵

de Architekt

建築師

de Kasserer

收銀員

de Florist

花農

de Putzbüdel

理髮師

de Schaffne⁻

售票員

de Mechaniker

機械技師

de Kaptein

船長

de Tähndokter

牙醫

de Wetenschopler

科學家

de Rabbi

拉比

de Imam

伊瑪目

de Mönk

和尚

de Paap

牧師

dat Warktüüch
工具

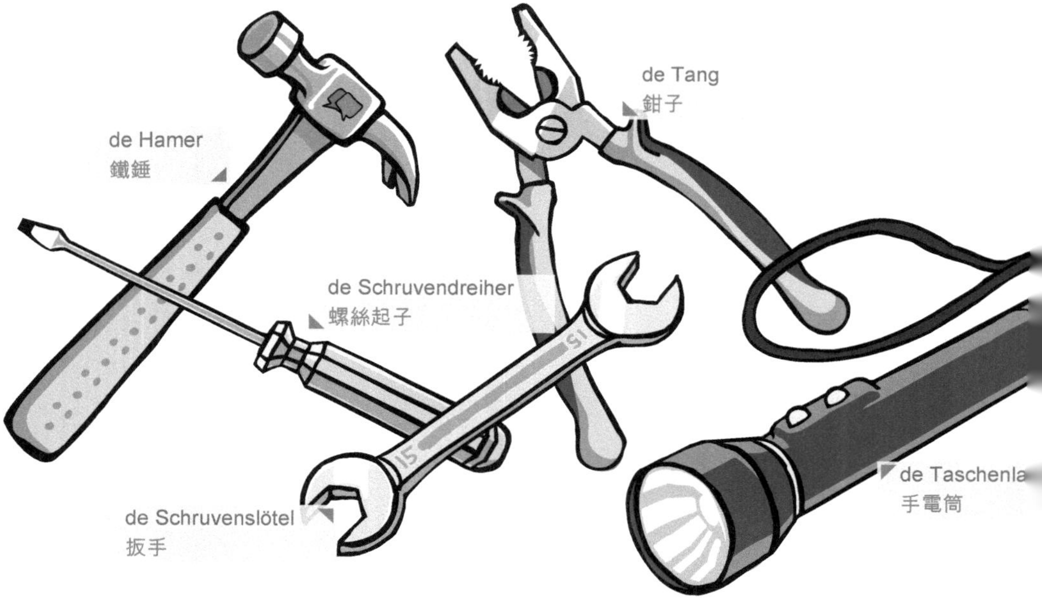
de Hamer
鐵錘
de Tang
鉗子
de Schruvendreiher
螺絲起子
de Schruvenslötel
扳手
de Taschenla
手電筒

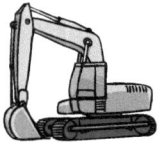

de Grieper
挖掘機

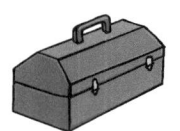

de Warktüüchkassen
工具箱

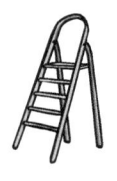

de Ledder
梯子

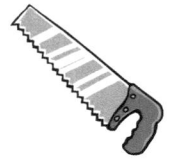

de Saag
鋸子

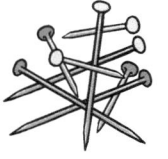

de Nagels
釘子

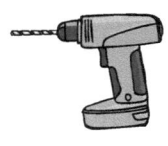

de Bohrer
鑽機

heelmaken

修

de Schüffel

鏟子

Schiet!

糟糕！

dat Kehrblick

畚箕

de Farvpott

油漆桶

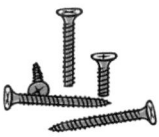

de Schruven

螺絲

de Musikinstrumenten

樂器

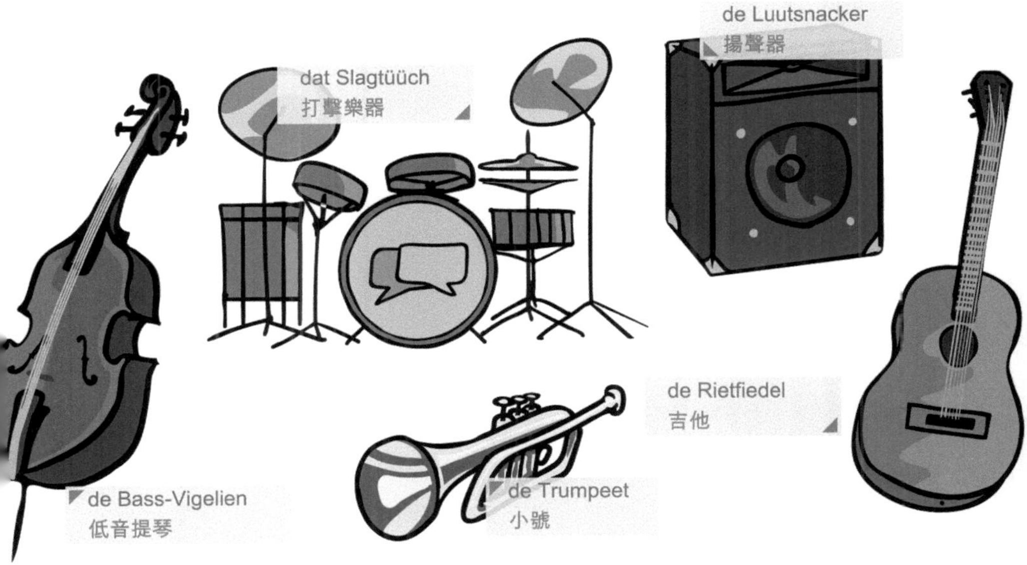

dat Slagtüüch
打擊樂器

de Luutsnacker
揚聲器

de Rietfiedel
吉他

de Bass-Vigelien
低音提琴

de Trumpeet
小號

dat Klaveer

鋼琴

de Vigelien

小提琴

de Bass

貝斯

de Pauk

定音鼓

de Trummeln

鼓

dat Keyboard

電子琴

dat Saxophon

薩克斯風

de Fleut

長笛

dat Mikrofoon

麥克風

de Deertenpark

動物園

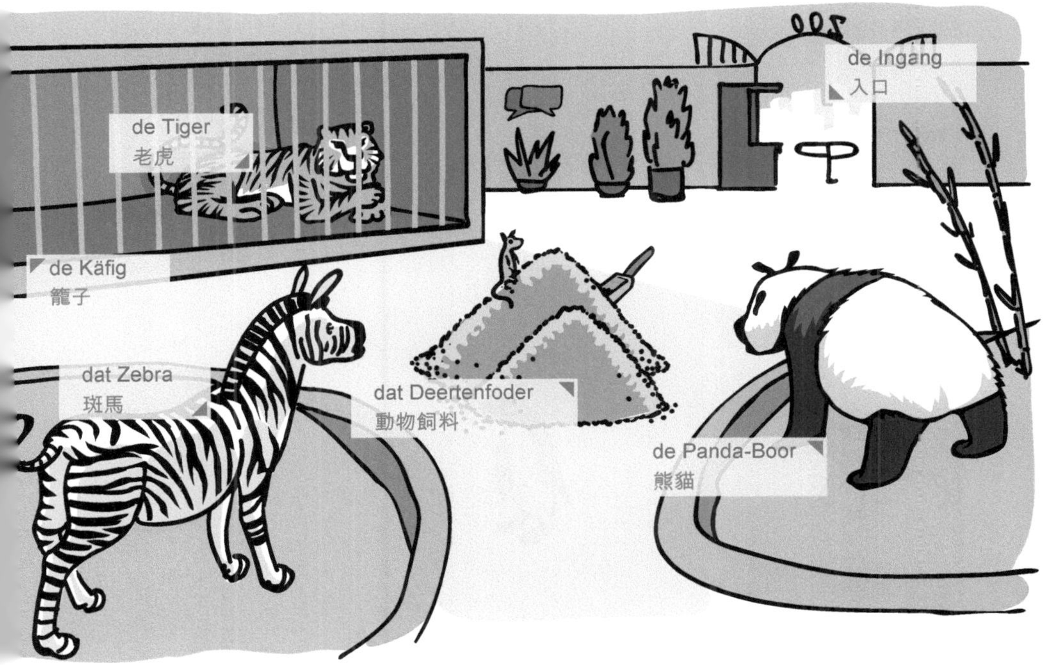
de Ingang
入口
de Tiger
老虎
de Käfig
籠子
dat Zebra
斑馬
dat Deertenfoder
動物飼料
de Panda-Boor
熊貓

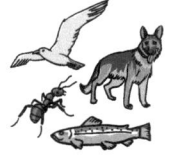

de Deerten

動物

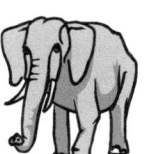

de Elefant

大象

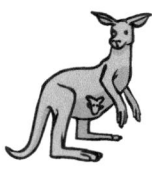

dat Känguru

袋鼠

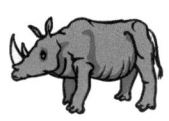

dat Neeshoorn

犀牛

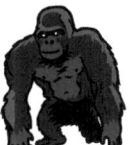

de Gorilla

大猩猩

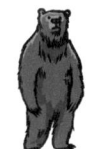

de Boor

熊

dat Kameel

駱駝

de Struuß

鴕鳥

de Lööv

獅子

de Aap

猴子

de Flamingo

紅鶴

de Papagoi

鸚鵡

de Iesboor

北極熊

de Pinguin

企鵝

de Haifisch

鯊魚

de Pageluun

孔雀

de Slang

蛇

dat Krokodil

鱷魚

de Oppasser in'n
Deertenpark

動物園管理員

de Saalhund

海豹

de Jaguor

美洲豹

dat Pony

矮種馬

de Leopard

豹

dat Nilpeerd

河馬

de Giraff

長頸鹿

de Aadler

老鷹

dat Wildswien

野豬

de Fisch

魚

de Schildkrööt

龜

dat Walross

海象

de Voss

狐狸

de Gazell

羚羊

de Amerikaansch Football
橄欖球

dat Radfohren
騎腳踏車

dat Tennis
網球

de Korfball
籃球

dat Swümmen
游泳

dat Boxen
拳擊

dat Ieshockey
冰球

de Football
⋯⋯⋯⋯
美式足球

dat Fedderball
⋯⋯⋯⋯
羽毛球

de Leichtathletik
⋯⋯⋯⋯
田徑

de Handball
⋯⋯⋯⋯
手球

dat Skilopen
⋯⋯⋯⋯
滑雪

dat Polo
⋯⋯⋯⋯
馬球

springen
跳

lachen
笑

ümarmen
擁抱

gahn
走路

singen
唱

drömen
做夢

beden
祈禱

snuteln
親吻

schrieven

書寫

teken

畫

wiesen

展示

drücken

推

geven

給

nehmen

拿

hebben

有

doon

做

sien

當

stahn

站

lopen

跑

trecken

拉

smieten

丟

fallen

摔倒

liggen

躺

töven

等待

dregen

攜帶

sitten

坐

antrecken

穿衣

slapen

睡覺

opwaken

醒來

ankieken

看

wenen

哭

eien

擊

kämmen

梳頭

snacken

交談

verstahn

明白

fragen

問

hören

聽

drinken

喝

eten

吃

oprümen

清理

leefhebben

愛

kaken

做飯

fohren

開車

flegen

飛

segeln

航行

reken

計算

lesen

讀

lehren

學習

arbeiden

工作

de Plünnen tohoopsmieten

結婚

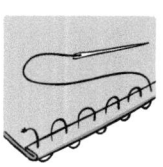

neihen

縫

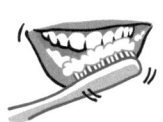

Tähnen putzen

刷牙

dootmaken

殺

smöken

抽菸

schicken

寄

de Familje

家

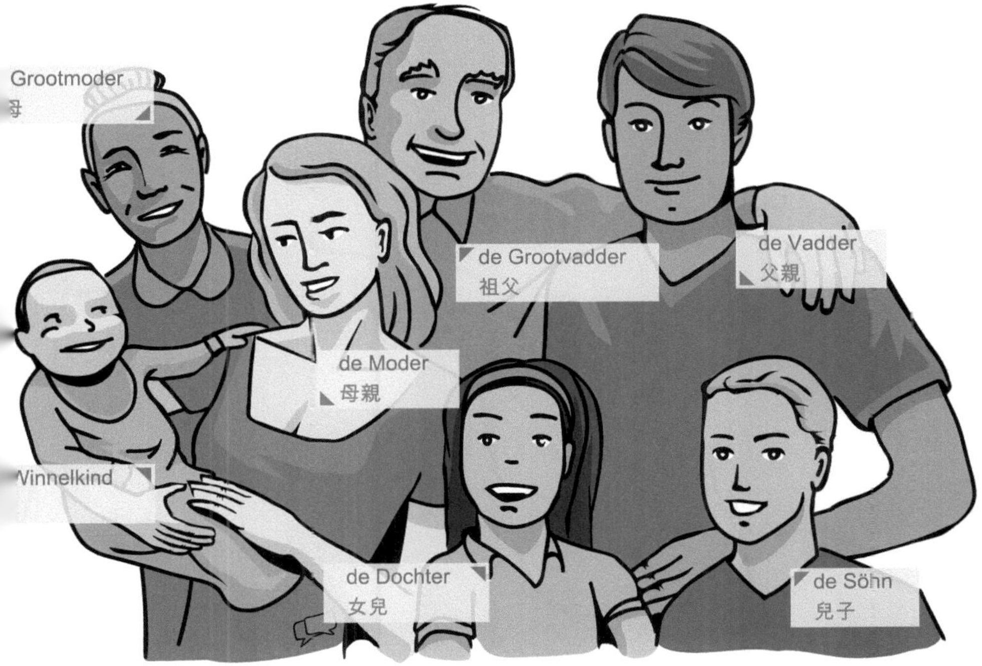

Grootmoder
母
de Grootvadder
祖父
de Vadder
父親
de Moder
母親
Winnelkind
de Dochter
女兒
de Söhn
兒子

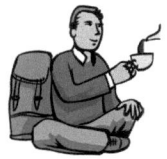

de Gast

客人

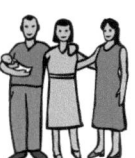

de Tant

阿姨

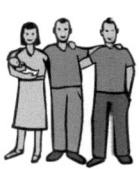

de Unkel

叔叔

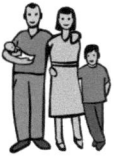

de Broder

兄弟

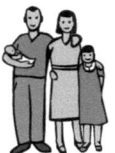

de Süster

姐妹

de Lief

身體

de Vörkopp
前額
dat Oog
眼睛
de Schuller
肩膀
de Finger
手指
dat Gesicht
臉
dat Kinn
下巴
de Hand
手
dat Been
腿
de Bost
乳房
de Arm
手臂

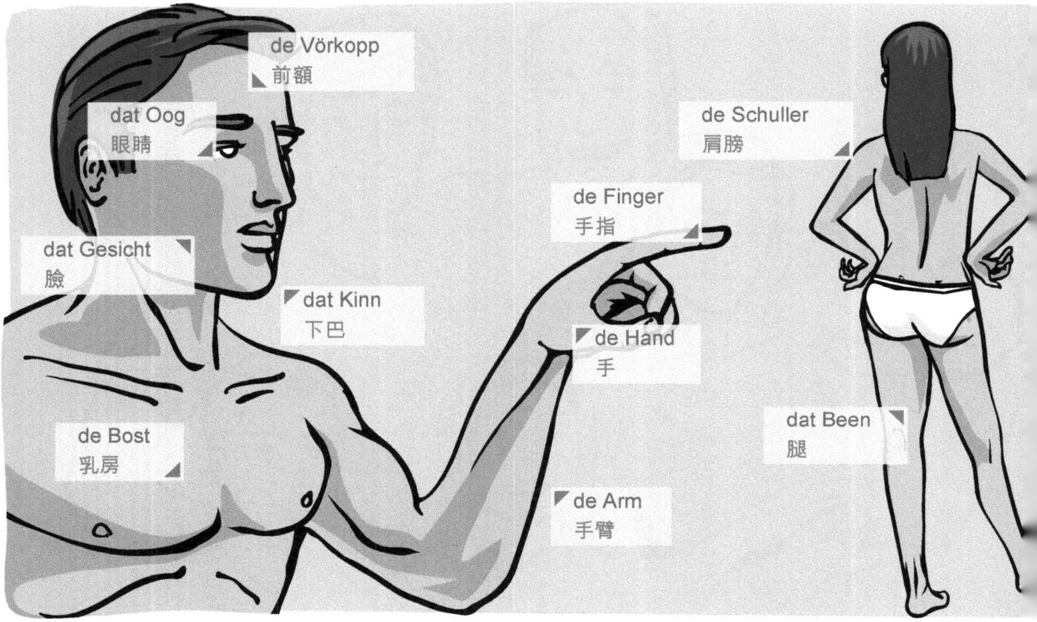

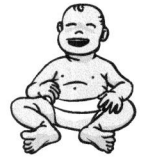

dat Winnelkind

嬰兒

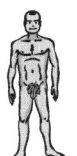

de Mann

男人

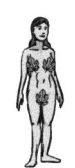

de Fro

女人

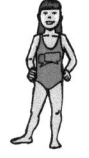

de Deern

女孩

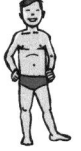

de Jung

男孩

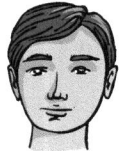

de Arm

頭

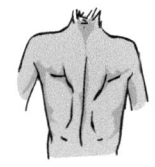

de Rüch

背部

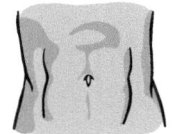

de Buuk

肚子

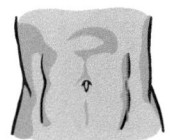

de Nave

肚臍

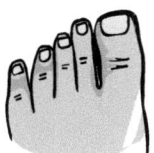

de Teh

腳趾

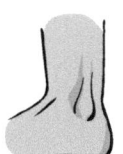

de Hack

腳後跟

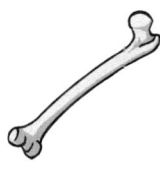

de Knaken

骨頭

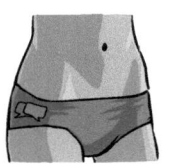

de Hüft

臀部

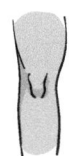

dat Knee

膝蓋

de Ellbagen

手肘

de Nees

鼻子

de Achtersen

屁股

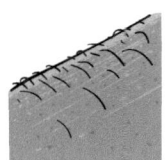

de Huut

皮膚

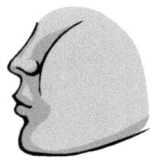

de Back

臉頰

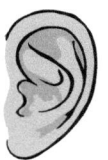

dat Ohr

耳朵

de Lipp

嘴唇

de Lief - 身體

de Mund

嘴

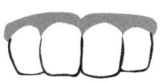

de Tähn

牙齒

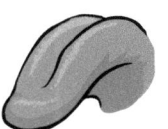

de Tung

舌頭

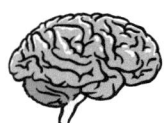

de Bregen

腦

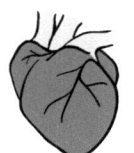

dat Hart

心臟

de Muskel

肌肉

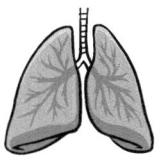

de Lung

肺

de Lever

肝臟

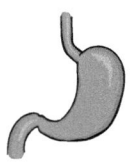

de Maag

胃

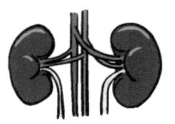

de Neren

腎臟

de Bislaap

性交

dat Kondoom

保險套

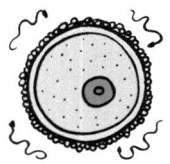

de Eizell

卵子

dat Sperma

精子

de Anner Ümstänn

懷孕

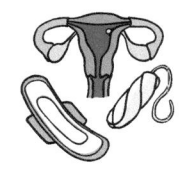

de Menstruatschoon

月事

de Scheed

陰道

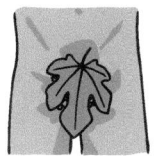

de Pint

陰莖

de Ogenbroe

眉毛

dat Hoor

頭髮

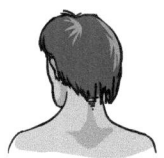

de Hals

脖子

dat Krankenhuus
醫院

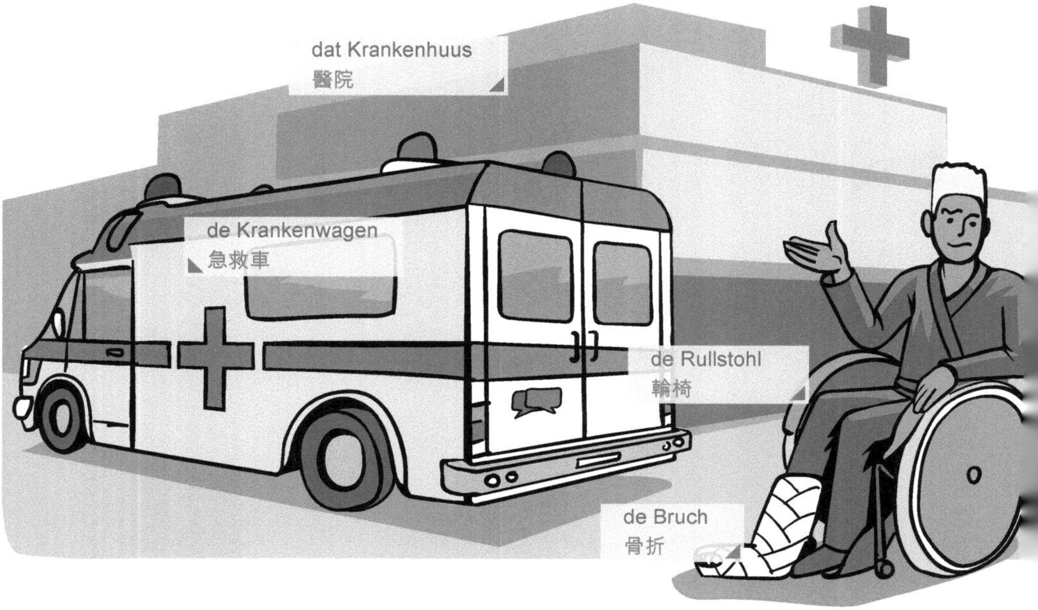

dat Krankenhuus
醫院
de Krankenwagen
急救車
de Rullstohl
輪椅
de Bruch
骨折

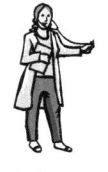

de Dokter
醫師

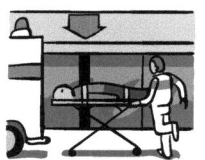

de Nootopnahm
急診室

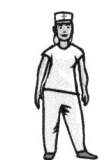

de Krankensüster
護理師

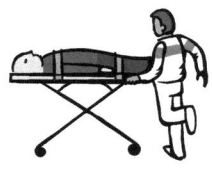

de Nootfall
緊急情形

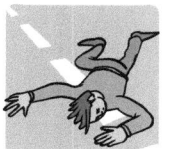

ahnmächtig
昏迷

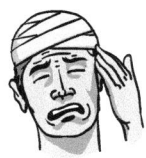

de Wehdaag
痛

de Verwunnen

受傷

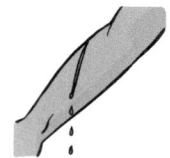

de Blöden

出血

de Hartinfarkt

心臟病發作

de Slaganfall

中風

de Allergie

過敏

de Hoosten

咳嗽

dat Fever

發燒

de Gripp

流感

de Dörchfall

腹瀉

de Koppwehdaag

頭痛

de Kreeft

癌症

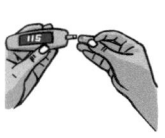

de Zuckersüük

糖尿病

de Chirurg

外科醫師

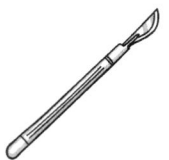

dat Chirurgsch Mess

手術刀

de Operatschoon

手術

dat CT

電腦斷層掃描

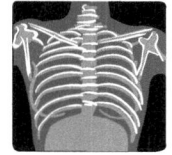

de Dörchlüchten

X光

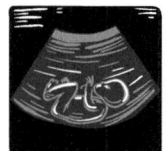

de Ultraschall

超音波

de Mask

口罩

de Krankheit

疾病

de Töövruum

候診室

de Krück

拐杖

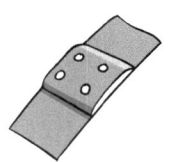

dat Plaaster

石膏

de Verband

繃帶

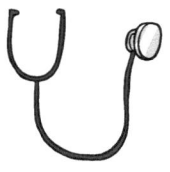

de Insprütten

注射

dat Stethoskop

聽診器

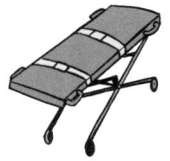

de Draag

擔架

dat Feverthermometer

體溫計

de Geboort

出生

dat Övergewicht

超重

de Höörapparat

助聽器

dat Kiemfriemiddel

消毒液

de Ansteken

感染

de Virus

病毒

dat HIV / AIDS

愛滋病

dat Heelmiddel

藥物

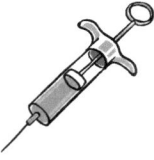

de Impen

接種疫苗

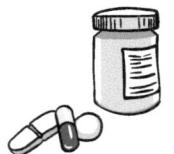

de Tabletten

藥片

de Pill

藥丸

de Nootroop

急救電話

de Blootdruck-Meter

血壓計

krank / gesund

生病/健康

Hölp!

救命！

de Alarm

警報

de Överfall

突擊

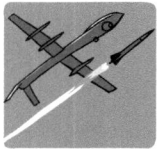

de Angreep

攻擊

de Gefohr

危險

de Nootutgang

緊急出口

dat Füer!

失火了！

de Füerlöscher

滅火器

de Unfall

意外

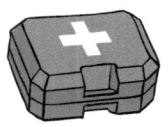

de Noothölpkoffer

急救箱

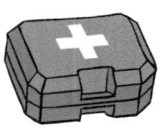

SOS

呼救訊號

de Polizei

員警

Europa

歐洲

Noordamerika

北美洲

Süüdamerika

南美洲

Afrika

非洲

Asien

亞洲

Australien

澳洲

de Atlantik

大西洋

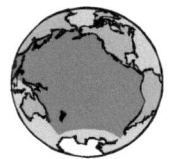

de Pazifik

太平洋

dat Indisch Weltmeer

印度洋

Antarktisch Weltmeer

南冰洋

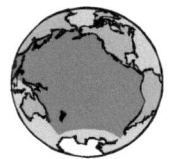

dat Arktisch Weltmeer

北冰洋

de Noordpol

北極

de Süüdpol

南極

de Antarktis

南極洲

de Eerd

地球

dat Land

陸地

de See

海

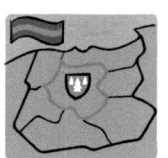

dat Eiland

島

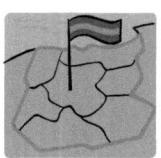

de Natschoon

國家

de Staat

州

dat Tallenblatt

錶盤

de Stunnenwieser

時針

de Minutenwieser

分針

de Sekunnenwieser

秒針

Wo laat is dat?

現在幾點？

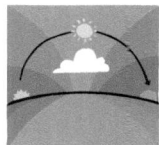

de Dag

天

de Tiet

時間

nu

現在

de digetaalsch Klock

電子錶

de Minuut

分

de Stunn

時

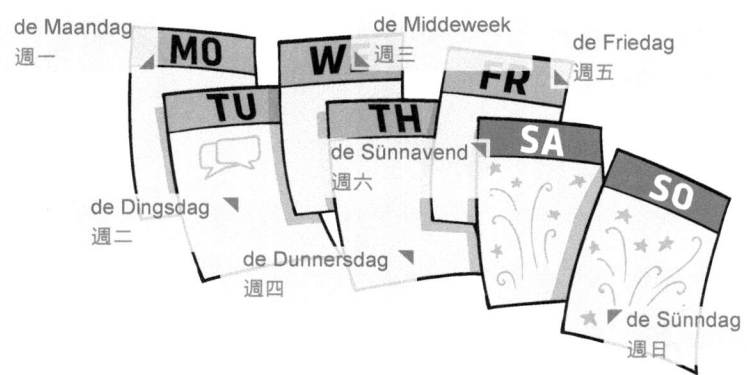

de Maandag 週一
de Middeweek 週三
de Friedag 週五
de Dingsdag 週二
de Sünnavend 週六
de Dunnersdag 週四
de Sünndag 週日

güstern

昨天

hüüt

今天

morgen

明天

de Morgen

早晨

de Meddag

中午

de Avend

晚上

de Arbeitsdaag

工作日

dat Wekenenn

週末

de Regen
雨

de Regenbagen
彩虹

de Wind
風

de Snee
雪

dat Fröhjohr
春

de Sommer
夏

de Harvst
秋

de Winter
冬

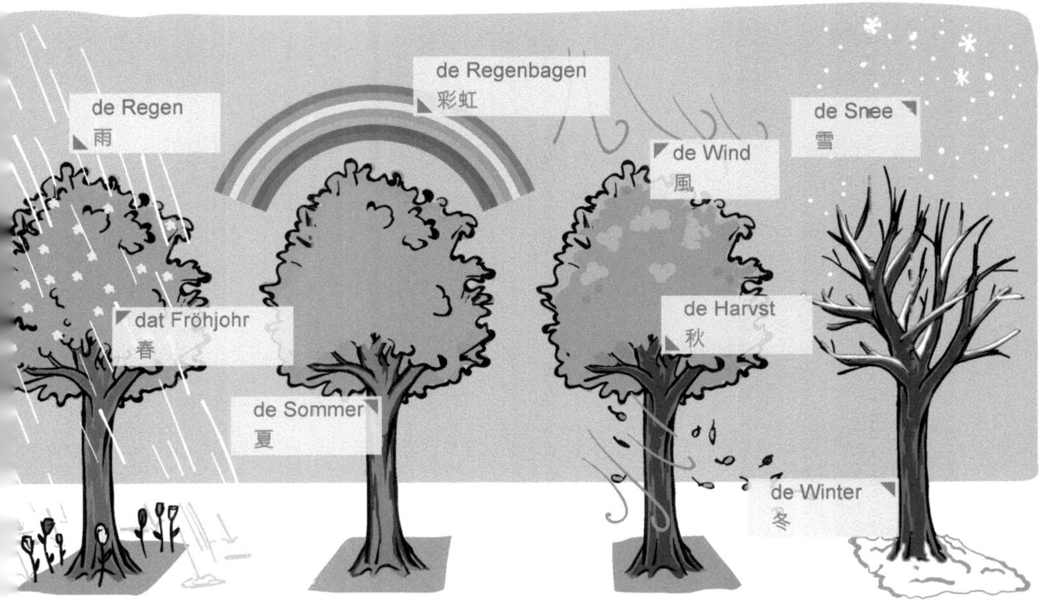

de Wedervörhersaag
天氣預告

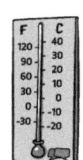

dat Thermometer
溫度計

de Sünnenschien
陽光

de Wulk
雲

de Nevel
霧

de Luftfuchtigkeit
潮濕

de Blitz

閃電

de Dunner

打雷

de Storm

風暴

de Hagel

冰雹

de Monsun

季風

de Floot

洪水

dat Ies

冰

de Januormaand

一月

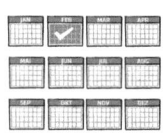

de Februormaand

二月

de Martmaand

三月

de Aprilmaand

四月

de Maimaand

五月

de Junimaand

六月

de Julimaand

七月

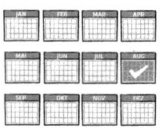

de Augustmaand

八月

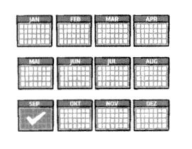

de Septembermaand

九月

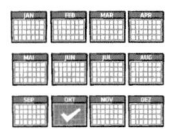

de Oktobermaand

十月

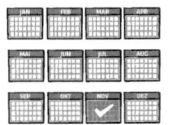

de Novembermaand

十一月

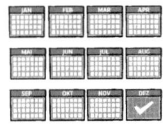

de Dezembermaand

十二月

de Formen
形狀

de Krink

圓形

dat Quadrat

正方形

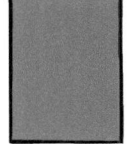

dat Rechteck

長方形

dat Dreeeck

三角形

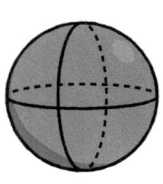

de Kugel

球體

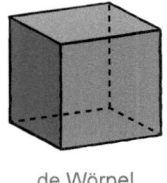

de Wörpel

立方體

witt

白

geel

黃

orangsch

橙

pink

粉

root

紅

lila

紫

blau

藍

gröön

綠

bruun

棕

gries

灰

swart

黑

veel / wenig

很多/少許

böös / verdreeglich

生氣/平靜

smuck / mies

美/醜

de Begünn / dat Enn

首/尾

groot / lütt

大/小

hell / düüster

明/暗

de Broder / de Süster

兄弟/姐妹

schier / schietig

乾淨/骯髒

kumpleet / nich kumpleet

完整/缺失

de Dag / de Nacht

白天/晚上

doot / lebennig

死/生

breet / small

寬/窄

geneetbor / nich geneetbor

可食用/非食用

böös / fründlich

邪惡/善良

fickerig / langwielt

興奮/無聊

dick / dünn

胖/瘦

toeerst / toletzt

第一/最後

de Fründ / de Fiend

朋友/敵人

vull / leddig

滿/空

hart / week

硬/軟

swoor / licht

重/輕

de Smacht / de Döst

餓/渴

krank / gesund

生病/健康

nich na't Recht / na't Recht

非法/合法

klook / dummerhaftig

聰明/愚笨

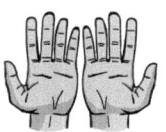

linkerhand / rechterhand

左/右

neeg / feern

近/遠

nieg / bruukt

新/舊

nix / wat

沒有/有些

oolt / jung

老/幼

an / ut

開/關

apen / slaten

打開/圖上

lies / luut

安靜/吵鬧

riek / arm

富/窮

richtig / verkehrt

對/錯

ruug / glatt

粗糙/光滑

trurig / glücklich

傷心/高興

kort / lang

短/長

suutje / flink

慢/快

natt / dröög

濕/乾

warm / köhl

溫暖/涼爽

de Krieg / de Freden

戰爭/和平

0

null

零

1

een

一

2

twee

二

3

dree

三

4

veer

四

5

fief

五

6

söss

六

7

söven

七

8

acht

八

9

negen

九

10

teihn

十

11

ölven

十一

12
twölf
十二

13
dörteihn
十三

14
veerteihn
十四

15
föffteihn
十五

16
sössteihn
十六

17
söventeihn
十七

18
achtteihn
十八

19
negenteihn
十九

20
twintig
二十

100
hunnert
百

1.000
dusend
千

1.000.000
million
百萬

dat Engelsch

英語

dat Amerikaansch Engelsch

美式英語

dat Chineesch Mandarin

普通話

dat Hindi

印地語

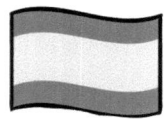

dat Spaansch

西班牙語

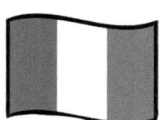

dat Franzöösch

法語

dat Araabsch

阿拉伯語

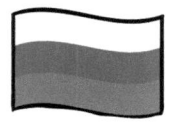

dat Rusch

俄語

dat Portugiesch

葡萄牙語

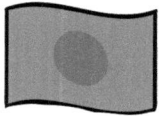

dat Bengaalsch

孟加拉語

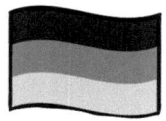

dat Düütsch

德語

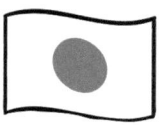

dat Japaansch

日語

ik

我

du

你

he / se / dat

他/她/它

wi

我們

ji

你們

se

他們

keen?

誰？

wat?

什麼？

woans?

如何？

woneem?

何處？

wannehr?

何時？

de Naam

名字

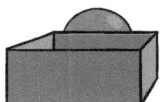

achter

後面

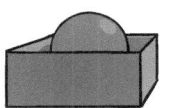

in

裡面

vör

前面

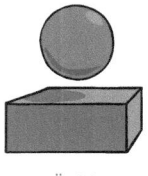

över

上方

op

上面

ünner

下麵

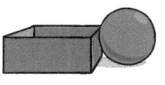

blangen

旁邊

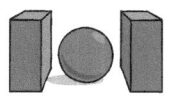

twüschen

中間

de Oort

地點